AF658713

9 789358 720792

Printed at Repro India Ltd.

حصو [illegible]

[illegible] :

([illegible])

[illegible]

Aag ki khushbu *(Selected Ghazals)*
by: Madhu Rima Singh
Edition: July '2023
Publisher & Printer:
Taemeer Publications LLC (Michigan, USA / Hyderabad, India)

ISBN 978-93-5872-079-2

9 789358 720792

کتاب	:	**آگ کی خوشبو** (منتخب غزلیں)
مصنفہ	:	**مدھو ریما سنگھ**
صنف	:	شاعری
ناشر	:	تعمیر پبلی کیشنز (حیدرآباد، انڈیا)
زیر اہتمام	:	تعمیر ویب ڈیولپمنٹ، حیدرآباد
سالِ اشاعت	:	۲۰۲۳ء
تعداد	:	(پرنٹ آن ڈیمانڈ)
طابع	:	تعمیر پبلی کیشنز، حیدرآباد – ۲۴
صفحات	:	۱۲۸
سرورق ڈیزائن	:	تعمیر ویب ڈیزائن

غزلوں کا یہ گلدستہ

جناب کرشن بہاری نورؔ

کے قدموں میں

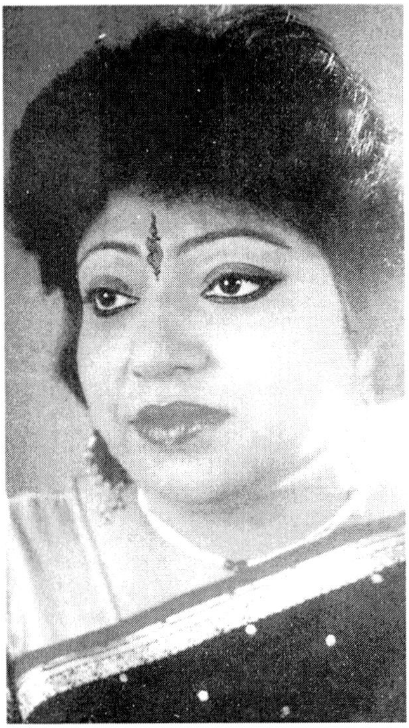

مدھوریما سنگھ

بقلم خود

وہ دن بہت یاد آتے ہیں جب میرے ننھے بچپن کی ایک چھوٹی سی لڑکی بگیا میں دوڑ دوڑ کر تتلیاں پکڑتی تھی۔ ڈرتی تھی، تتلی کہیں ہاتھ سے نہ چھوٹ جائے، اس لیے کبھی کبھی اتنے زور سے پکڑتی تھی کہ تتلی کے پنکھ ہاتھوں میں ٹوٹ جاتے تھے اور تتلی ہاتھوں میں ہی دم توڑ دیتی تھی۔ معصوم آنکھوں میں آنسو اور انگلی کے کناروں پر رنگ برنگے پنکھوں کے چھوٹے ہوئے رنگ لے کر سوچتی رہ جاتی تھی کہ اس کی غلطی کیا ہے۔

کبھی کبھی تتلی کی خوب صورتی کو ہمیشہ کے لیے سمیٹ لینے کی چاہت میں تتلی کو کتابوں کے درمیان رکھ دیتی تھی اور ملتی تھی وہی مری ہوئی تتلی اور چھوٹے ہوئے رنگ۔ کبھی سمجھ نہیں سکی وہ، کہ اس نے کبھی نہیں چاہا کہ تتلی مر جائے پھر بھی کیوں ایسا ہوا؟

آنکھوں میں پشیمانی کے آنسو اور ہاتھوں میں چھوٹے ہوئے رنگ لے کر کسی گھنے پھول کے پودے کے نیچے، ایک گڈھا کھود کر اس میں تتلی کو دفن کر دیتی تھی اور تتلی کی قبر پہ مٹی چڑھا کر اُس پہ ایک خوب صورت سا پھول لگا دیتی تھی۔

آج سمجھی ہوں، غزل کا شاعر وہ ہوتا ہے جو زندگی کی مسرتوں اور چاہتوں کو اس ڈر سے کہ کہیں وہ چھوٹ نہ جائیں، اتنی زور سے پکڑتا ہے کہ وہ اس کے ہاتھوں میں ہی دم توڑ دیتی ہیں اور انگلیوں کے کناروں پہ لگے رہ جاتے ہیں ست رنگی خواہشوں کے پنکھوں کے بے شمار رنگ پھر وہ آنسو بھری آنکھوں سے، احساس کے گھنے پھولوں سے لدے درخت کے نیچے اپنی خواہشوں اور خوابوں کی تتلی کا مزار بنا دیتا ہے۔ اور اس پر مٹی چڑھا کر روز ایک خوب صورت سا پھول سجا دیتا ہے۔ آپ سب اس عقیدت ہی کے پھول کو غزل کہتے ہیں۔

— مدھو ریما

پھر یادوں کا موسم آیا کئی برس کے بعد
جانے کیوں درپن شرمایا کئی برس کے بعد

دل سے کتنا دور رہا تھا سکھ سپنوں کا گاؤں
آنکھوں میں سپنا انکرایا کئی برس کے بعد

میٹھی میٹھی خوشبو والی سانسیں آتی ہیں
بگیا نے مہووا ٹپکایا کئی برس کے بعد

تیز دھوپ میں تپتی راہیں پیاس ننھی ننگے پاؤں
نینوں نے امرت برسایا کئی برس کے بعد

سانسوں میں بیلا مہکا اور بالوں میں جوہی
جیسے کوئی پاہن آیا ــــ کئی برس کے بعد

آم کی چٹنی دھلی دال اور روٹی گرم گرم
امّاں نے چولہا سلگایا کئی برس کے بعد

آنکھوں کے یہ دیئے نہیں یونہی جلا کیے
کچھ حسرتوں کے داغ تھے دل میں پلا کیے

تھے پاؤں جیسے میل کا پتھر — گڑا ہوا
ہم پھر بھی اپنے آپ میں میلوں چلا کیے

اس زندگی کے ہونٹ تو ٹھنڈے بھی ہو چکے
ہم ہیں کہ تیری چاہ میں ہر پل جلا کیے

دھوکا دیا ہے آپ نے یہ ٹھیک ہے مگر
ہم بھی تو اپنے آپ کو ہر پل چھلا کیے

جن کے لیے لٹا دیا خود کو — ہزار بار
ان دوستوں کی آنکھ میں کتنا کھلا کیے

پنجرے میں بند کر تو دیا -- سُگنا پیار کا
اس بھول پر تو ہاتھ ہمیشہ ملا کیے

رہ رہ اُدھڑ اُدھڑ گئی گٹھری یہ سانس کی
یادوں کے پور پور سبھی تل تل جلا کیے

کس طرح جیون بتایا — کیا بتائیں آپ کو
کتنا کھویا کتنا پایا — کیا بتائیں آپ کو

سانس تو رک رک کے چلتی اشک بہتے بن کے
آپ نے کتنا رُلایا — کیا بتائیں آپ کو

عمر کی پوروں کو گن گن — زندگی جیتے رہے
کس نے کیا جوڑا گھٹایا — کیا بتائیں آپ کو

آج پھر ہونا جدا ہے — الوداع کہنے کے بعد
کس لیے اس نے بلایا — کیا بتائیں آپ کو

رات بھر جاگا کیے ہم — درد کے اس گاؤں میں
کس نے خوابوں کو چرایا — کیا بتائیں آپ کو

دل کے اس شاہی محل کی دیہری سونی رہی
کیا جلایا کیا بجھایا — کیا بتائیں آپ کو

کس کی خوشبو آ رہی ہے — مری ہر اک سانس سے
کون مجھ میں ہے سمایا — کیا بتائیں آپ کو

پھر کھل گئی کوئی غزل دل کی کتاب کی
ہونٹوں کو چھو گئیں وہی سانسیں گلاب کی

وہ شخص جانے کیوں بہت اپنا لگا مجھے
جس نے کبھی چھیڑ دیں باتیں جناب کی

دل کے فقیر نے کہا جو مانگنا ہے مانگ
میں نے بھی پھر مانگ لی سانسیں حساب کی

آیا جو تیرا گاؤں تو اترا نہیں — گیا
پیروں میں پھنس کے رہ گئی ڈوری رکاب کی

لگتے رہے ہمیشہ ہی غیروں کے داؤں پہ
جیسے خریدے کوئی بانکیں عقاب کی

دم توڑنے سے پہلے یہ احساس سا ہوا
صحرا میں جیسے گونجتی دھڑکن رباب کی

آپ کی تصویر دل کا آئینہ ہے
آئینہ کا آئینہ سے سامنا ہے

جب ندی سانسوں کی ہر پل بہہ رہی
پھر پلوں کو ہاتھ میں کیوں تھامنا ہے

کیش کھولے کیکئی پھر سے کھڑی ہے
نیائے کے بن باس کی سنبھاونا ہے

میں بکھر کر بھی بہت مطمئن سی ہوں
ٹوٹ کر ہی چاہنا تو ــــــ چاہنا ہے

زندگی کا کوئی کونہ خاص ـــ لے کر
نام اچھا سا تمہارا کاڑھنا ـــ ہے

آنکھ کی پگلی پجارن پوچھتی ہے
اور کتنی رات یوں ہی جاگنا ہے

ارادے ہی پیروں کے چھالے ہوئے ہیں
سفر حادثوں کے حوالے ہوئے ہیں

تمنّا بہت تھی خوشی مل نہ پائی
ہون میں جلے ہاتھ کالے ہوئے ہیں

کوئی غم نہیں اپنے جلنے کا — ہم کو
تری راہ میں تو اُجالے ہوئے ہیں

نہ ٹوٹے کوئی خواب پلکوں سے گر کر
چھلکتے نین ہم سنبھالے ہوئے ہیں

ابھی تک ہے سانسوں میں خوشبو گلوں کی
چمن سے کبھی کے نکالے ہوئے ہیں

گرے جانے کس پہلو آکر زمیں پر
یہ جیون کا سکّہ اچھالے ہوئے ہیں

آنکھیں کھلی ہیں خواب سنہرہ دکھائی دے
اِس آئینہ میں آپ کا چہرہ دکھائی دے

تم تو مریچکا[1] کو ہی سچ ماننے لگے
مجھ کو تو صرف صحرا ہی صحرا دکھائی دے

یہ اور بات آپ نے دیکھا نہیں کبھی
دیکھیں تو ساگر آنکھ میں ٹھہرا دکھائی دے

بندے سمجھ لے ہو گئی آرادھنا[2] قبول
سجدہ کا داغ جب کبھی گہرا دکھائی دے

تب زندگی کو اور بھی شدت کے ساتھ جی
سانسوں پہ جب کبھی موت کا پہرہ دکھائی دے

کیا کوئی دریا آگ کا گزرا ہے شہر سے
بچوں کے ساتھ جلتا کٹہرہ دکھائی دے

بس مان لوں گی سادھنا سویکار[3] ہو گئی
جب ان کی آنکھ میں مرا چہرہ دکھائی دے

[1] سراب ۔ [2] عبادت ۔ [3] ریاضت، قبول

زندگی کے اس سفر میں ہم سفر کوئی نہیں
لوگ ہیں لاکھوں نظر میں ہم نظر کوئی نہیں

آپ کی یہ رہنمائی راہ کی سجشکن بنی
منزلوں تک جانے والی رہ گزر کوئی نہیں

اب تو میں تنہا ہوں اور یادوں کا اک ٹھنڈا الاؤ
میرے حصے میں اندھیرے ہیں سحر کوئی نہیں

دوستوں کی انگلیاں ہیں پیٹھ میں خنجر کے ساتھ
لگتے ہیں جو جاں سے پیارے بے زہر کوئی نہیں

میرے زخموں کی جلن کو کون بانٹے گا بھلا
یوں تو ہیں ہمدرد سب پر نم نظر کوئی نہیں

زمیں کیسی ہے کیسا یہ آسماں ہے
جدھر دیکھئے بس دھواں ہی دھواں ہے

اس اندھے سفر میں چلے جا رہے ہیں
کسے رو کیں یارو ہر اک بدگماں ہے

سبھی چاہتے ہیں فسانے خوشی کے
پر اشکوں میں ڈوبی مری داستاں ہے

لکھا تھا ترا نام سانسوں نے دل پر
مٹا تو دیا پھر بھی باقی نشاں ہے

ہر اک کا نشیمن تو بہت جھڑنے لوٹا
بہاروں نے لوٹا میرا آشیاں ہے

چلے جتنا بڑھتی گئی راہ اتنی
کہ جادو کے جنگل میں اب کارواں ہے

بڑھی دل کے رشتوں کی جب کھائیاں ہیں
لگیں دور اپنی ہی پرچھائیاں ہیں

ترے نام محفل خوشی کی سجی ہے
مرے نام بس غم کی شہنائیاں ہیں

سفر میں نہیں کوئی بھی ساتھ میرے
بہت دور تک صرف تنہائیاں ہیں

کہو کارواں سے نہیں دل ہے تنہا
مرے ساتھ یادوں کی پرچھائیاں ہیں

بتائیں بھلا اس کو پہچان کیا ہم
اگر نام بھی لیں تو رسوائیاں ہیں

لکھی پانکھری پانکھری گندھ تیری
تجھے چھو کے آئی یہ پروائیاں ہیں

دل کے اندھیرے ہی سے سدا جوجھتے رہے
دیپک تمہاری یاد کے سب ٹوٹتے رہے

نکلے تھے ڈھونڈنے تمہیں دنیا کی بھیڑ میں
ایسا ہوا کہ اپنے کو ہم ڈھونڈھتے رہے

بھٹکے تو پھر بھٹکتے رہے — راہِ عشق میں
اوروں سے اپنا نام پتہ پوچھتے رہے

آ جائیں تیرے پاس یہی کامنا رہی
پر ساحلوں کے پاس کہیں ڈوبتے رہے

کایا نہیں ہیں ہم تو تمہارا ہی روپ ہیں
سانسوں کے پھول جن کے عمر گوندھتے رہے

کھوئی کھوئی رہتی ہوں
من دریا کے بہتی ہوں

لب پر جس کے نام نہیں
اُس کے دل میں رہتی ہوں

کیسا کیسا درد سہا
کہہ نہیں پاتی کہتی ہوں

یادوں نے جو زخم دیئے
ہنستے ہنستے — سہتی ہوں

مہکی مہکی۔ہوا سی
ٹیسو جیسی۔دہتی ہوں

ایک حویلی ریت کی ہوں
چھو لینے سے ڈھہتی ہوں

ہم نے اشکوں سے لکھی ہے یہ کہانی سنیئے
درد جو دل کا ہے اشکوں کی زبانی سنیئے

یاد اک پھانس ہے رہ رہ کے کسک جاتی ہے
اب کبھی پربت نہیں اتنی بڑھانی سنیئے

ساتھ ہو کوئی تو چھالے بھی مزہ دیتے ہیں
جیٹھ کی دھوپ بھی لگتی ہے سہانی سنیئے

ان جٹاؤں سے تو بس پریم کی دھارا نکلی
میلا دنیا نے کیا گنگا کا پانی سنیئے

ہیں تو میرا کو دیوانی نہیں کہنے والی
جس نے اپنے کو بھلایا وہ ہے گیانی سنیئے

ہلکی سی ٹھیس بھی لگ جائے تو گر سکتی ہے
میری یادوں کی حویلی ہے پرانی سنیئے

یہ وِرہ اپہار میرا
ہاردِک آبھار میرا

پیر کا میں گیت گاؤں
ویدنا سنگار میرا

یادیں، آنسو اور گھٹن
اِتنا ہی سنسار میرا

جل اٹھیں گے ہونٹ تیرے
گیت ہے انگار میرا

ٹوٹے پنجرا دیہہ[1] کا تو
دیکھنا وِستار[2] میرا

درد چھو بھرلے جھروں گی
نام ہرسنگھار میرا

[1] جسم [2] پھیلاؤ

آنکھوں میں اپنی میرے سپنے سنبھالے رکھنا
بھٹکے نہ کارواں یہ کچھ تو اُجالے رکھنا

لگ جائے آگ چاہے پر سچ نہیں جھکے گا
آنکھوں کے آگے ان کی جلتے رسالے رکھنا

ہر موڑ پر یہاں تو ملتا ہے درد تنہا
دل کی ہتھیلی پر کچھ آنسو لگالے رکھنا

کس پر ہے وقت اتنا سنتا ہے کون کس کی
کہنے کو پیر اپنی تیکھے مسالے رکھنا

سوکھی ہے ریت ساری انکر کہاں اُگے گا
جلتے سفر کی خاطر پیروں کے چھالے رکھنا

اس جرم کا کسی نے کب فیصلہ کیا ہے
دل کا معاملہ ہے دل کے حوالے رکھنا

ہارو۔ اِسے کہ جیتو۔ یہ وقت کا جُوا ہے
سانسوں کی ہیں بساطیں پانسے اچھالے رکھنا

دل غموں سے چھدا بانسری کی طرح
آدمی اب نہیں آدمی کی طرح

ہم نے چاہا نہیں تھا مگر یوں ہوا
دشمنی نبھ گئی دوستی کی طرح

روپ، رس، گندھ کی بات کیا کیجئے
زندگی ہی نہیں، زندگی کی طرح

جو بھی پیدا ہوا ہے مرے گا یہاں
موت بھی تو ملی سانس ہی کی طرح

آنکھ چھلکی مگر ہونٹ ہنستے رہے
غم کو جیتے رہے بندگی کی طرح

جگمگاتی رہی زندگی کی ڈگر
پیار دل میں رہا روشنی کی طرح

ہم تو ہنس کر یہاں ہر کسی سے ملے
لوگ ہم سے ملے اجنبی کی طرح

جسم بھیگی رات کا جلتا رہا
درد سا دل میں کہیں پلتا رہا

مون کی ہم سَتَر نکھلا کو توڑتا
برف سا احساس بس گلتا رہا

آج اس کو سانپ ہی نے ڈس لیا
پر سپیرے کا بھرم پلتا رہا

جگمگاتی لو دکھا کر وہ چھپا
تُو تو بندے آنکھ ہی ملتا رہا

درد کی منزل پہ آ کے بھول جا
کون کس کی آنکھ میں کھلتا رہا

اس نے تو سب کو برابر حق دیے
آدمی کو آدمی چھلتا رہا

میں تو تنہا ہی رہی ہوں عمر بھر
کون تھا پھر ساتھ جو چلتا رہا

درد چہرے کا کوئی دھوتا نہیں
وہ ہمارے ساتھ اب روتا نہیں

گرد میں ڈوبا ہوا ___ لمبا سفر
ساتھ ایسے میں کوئی ہوتا نہیں

دے سسکتی بستیوں کو لوریاں
خواب اِن آنکھوں میں کیوں بوتا نہیں

بس تری آواز پر رُک تو گئی
تو مجھے محسوس کیوں ہوتا نہیں

جو محبت کا مسیحا بن گیا
پیار اس کا وہ کبھی کھوتا نہیں

جاگ کر اک رات یہ تو دیکھ لیں
یہ شہر کیوں رات بھر سوتا نہیں

آپ ہی چاہیں تو اپنا لیں مجھے
میرا چاہا تو کبھی ہوتا نہیں

میری خاطر کوش سجا گیہ کا گھٹ جاتا ہے
دل کی ہر چیٹھی کا کونہ پھٹ جاتا ہے

چنچل شوخ ہوائیں سانکل کھٹکاتی ہیں
دھیان ہمارا تیری اور سے ہٹ جاتا ہے

ہم نے سکھ سپنوں کے گہرے گھاڑ سیئے ہیں
اگر باٹنا چاہو—— ساگر بٹ جاتا ہے

دھیان سے پکڑو بانس زندگی لچک رہی ہے
خوابوں کی رسّی پر من کا 'نٹ' جاتا ہے

عمر قید سانسوں کی یہ مایا نگری
گھٹتے گھٹتے سارا جیون کٹ جاتا ہے

لکھ لکھ کر میں نام تمہارا مٹا رہی ہوں
ہلکا دھبہ رہتا، بیتہ پھٹ جاتا ہے

جس سمت ہے منزل تو اُدھر کیوں نہیں جاتا
ہر در پہ صدا دیتا ہے گھر کیوں نہیں جاتا

کیوں حادثہ در حادثہ سہتا ہے یہ جیون
جیون کے اندھیروں سے گزر کیوں نہیں جاتا

ہیں دفن تو سینہ میں مرے غم مرے آنسو
بھیگی ہوئی آنکھوں سے اثر کیوں نہیں جاتا

یہ سچ ہے تری یاد بھی آتی نہیں اب تو
پھر درد کا یہ زہر — اُتر کیوں نہیں جاتا

ہر چوٹ پہ نم ہوتی ہیں کیوں میری ہی آنکھیں
جو درد اِدھر ہے وہ اُدھر کیوں نہیں جاتا

یگ بیت گئے راکھ وہ چاہت کی بہائے
پھر ہاتھ سے کالک کا اثر کیوں نہیں جاتا

صدیوں کی تھکن تجھ سے چھپائے نہیں چھپتی
اے وقت کہیں تھوڑا ٹھہر کیوں نہیں جاتا

سوکھی ہوئی اس آنکھ سے جھیلوں کی بات ہو
جب تھک گئے ہیں پاؤں تو میلوں کی بات ہو

اب کیا کریں گے جان کے لاشوں کی گنتیاں
سر پر گِدھوں کے چیختی چیلوں کی بات ہو

کیا ہو رہا ہے آج ترقی کے نام ــــ پر
تہذیب کیسی وحشی قبیلوں کی بات ہو

بِھڑسے انگوٹھے گیان کے سندھان میں کٹے
اب بھی یہاں ہیں 'درُون' تو بھیلوں کی بات ہو

چھولیں جو انگلیاں تو یہ بکھریں گے بھی ضرور
کچھ بدگمان ریت کے ٹیلوں کی بات ہو

جیسے صلیب ہم بھی اٹھا لیتے ہیں مگر
ہر جسم میں گڑی ہوئی کیلوں کی بات ہو

دے ہی سکتی ہوں کیا میں دعا کے سوا
پاس ہے کیا مرے اک وفا کے سوا

دفن ہے زندگی درد کی گرد میں
نام تیرا ہے کیا اک دوا کے سوا

دوستی کی تجارت بہت دیکھ لی
کچھ ملا ہی نہیں بس دغا کے سوا

تجھ کو آواز دوں روک بھی لوں اگر
پر کہوں گی میں کیا الوداع کے سوا

سارے سامان جینے کے ہیں شہر میں
سانس لینے کو بس اک ہوا کے سوا

جب چھپے گی کبھی اس کی جیون کتھا
ہم بنیں گے بھی کیا حاشیے کے سوا

درد کی دھوپ میں جو شخص بہت یاد آیا
وہ کوئی غیر نہ تھا، تھا میرا —— اپنا سایا

مجھ سے تو دور کہیں چھوٹا تھا گیتوں کا گگن
اندر دھنش بن کے کوئی ساتھ یہاں تک آیا

تم کو کھونا ہے مرے دل کو یہ احساس بھی تھا
آج اِس بات پہ کیوں دل ہے میرا گھبرایا

عکس بھی ٹوٹ گیا آئینہ ٹوٹا جس دن
پھر بھی تو آج مری غزلوں پہ کیسے چھایا

دل میں دھونی تھی ترے نام کی بجھنے والی
تیری یادوں کی ہواؤں نے جسے سلگایا

ایک چڑیا جو اڑی پھول جھرے اوس جھری
جسم ہر شاخ کا رہ رہ کے بہت تھرآیا

سانس پوری ہو گئی اس آخری سنواد میں
تجھ کو مرنا ہے تڑپ کر بس ہماری یاد میں

پہلے تھا اندھا ہی منصف اب تو بہرہ بھی ہوا
دل نے سب کچھ کھو دیا اک ان سنی فریاد میں

ہم نے سنگھاسن کے آگے سر جھکایا ہی نہیں
ہے قلم کی دھار تیکھی ظلم کے پرتیواد[1] میں

پاؤں کے چھالے جو پھوٹے ریت گیلی ہو گئی
ریت کی ندیا میں بھٹکی پیاس کے اُنماد[2] میں

گل نہ تھے پیار کے ہم پیڑ سے جھڑتے رہے
سیپ کا موتی بنے ہم درد کے انواد[3] میں

ہوش کچھ اپنا ہے باقی اور نہ دنیا کی خبر
کیسا جادو ٹونا ہے جانم تمہاری یاد میں

بن نہ پایا ایک خوابوں کا محل بھی آج تک
کوئی خامی رہ گئی تھی پیار کی بنیاد میں

۱ مخالف۔ ۲ جوش۔ ۳ ترجمہ۔

بکھرا احساس سنوارے کوئی
نام لے میرا ـــ پکارے کوئی

یاد کے دوار پہ آنکھوں کے دیئے
کردے اب نام ہمارے کوئی

خوشبو کے مہکے ہوئے ہونٹوں سے
چھو گیا گیت کنوارے کوئی

ہاتھ چھو لینے دو اپنا تو چلوں
دے نہ دے مجھ کو سہارے کوئی

میری غزلیں ہیں رچا ئیں تونہیں
کیوں شلاؤں پہ ابھارے کوئی

تم نے کہا تھا آؤں گا۔ آواز دے ذرا
لیکن تمہیں بلاؤں میں یہ حق نہیں مرا

احسان ہر خوشی کا اٹھائے ہوئے ہوں میں
پھر کسک رہا ہے مرا دل ـــــ بھرا بھرا

دل سے بھی وہ قریب تھا جاں کے قریب بھی
ہنس کر پلا گیا مجھے میٹھا زہر ذرا

تو نے سزا تو دی ہے مگر کیا خطا مری
یہ تو بتا دے دل مرا نظروں سے کیوں گرا

تجھ کو تو تیری سانس کی خوشبو سے جان لوں
پیچھے سے آکے ہاتھ یہ آنکھوں پہ کیوں دھرا

کس بات پر سبھی نے فرشتہ سمجھ لیا
میرا ضمیر آئینہ کے سامنے ڈرا

کیا چھوٹا — کیا پاس رہا
سب کو یہ — آبھاس رہا

دل کا درد نہ جانا جو
وہ ہی سب سے خاص رہا

میرے ہاتھوں — جو ٹوٹا
میرا ہی — وشواس رہا

بوٹا بوٹا — مرجھایا
کیوں ایسا مدھو ماس رہا

میں نے — سچ کا ساتھ دیا
یہ میرا — اتہاس رہا

یوں تو کتنے — ساتھی تھے
پر ایک آنسو — پاس رہا

سانس سانس کی خوشبو میں
تیرا ہی — احساس رہا

آنکھ مت پونچھو مرا اشک پڑا رہنے دو
کچھ نہیں اور مرا درد مرا رہنے دو

اس کی ٹیسیں ہی مری سانس مرا جیون ہیں
میرے اِس گھاؤ کو کیسے بھی ہرا رہنے دو

آنکھ بھی سہمی ہوئی ہونٹ بھی سوکھے سوکھے
ننھے بچوں کو نہ اب اور ڈرا رہنے دو

جانے کیوں آگ سے کھینچی ہے وبھاجن ریکھا
جیسے آسکا ہے گگن اس کی دھرا رہنے دو

تم کئی رات کے جاگے ہو ذرا سو تو لو
میری نیندوں سے اِن آنکھوں کو بھرا رہنے دو

جانے کب آئیں مرے رام مری کٹیا میں
ان کے پوجن کو مرا چوک پورا رہنے دو

تو جو آواز دے ہم کو تو ٹھہر جائیں گے
یوں گزرنا ہے بہر حال گزر جائیں گے

میرے گھر گاؤں کی نظروں میں شکایت ہوگی
ڈھونڈھنے آپ مجھے جب بھی اُدھر جائیں گے

بکھرا بکھرا ہے مرا چھند مری سانسوں سا
چھو دے ہونٹوں سے مرے گیت سنور جائیں گے

یوں تو سوچا تھا ترے پاس نہیں جانا ہے
تجھ کو دیکھا۔ تو لگا۔ اور کدھر جائیں گے

ڈوبے جاتے ہیں کنارے بھی مری آنکھوں کے
دے دے تو ہاتھ ہمیں دکھ سے اُبر جائیں گے

میری سانسوں نے جپی نام کی مالا تیری
تار ٹوٹا تو یہ سن کے بھی بکھر جائیں گے

آپ کی آنکھوں کا جادو چھا گیا
پھر غزل کہنے کا موسم آ گیا

گھر مہکتا ہے جو اپنوں کی طرح
کون خوشبو سا یہاں پر آ گیا

کھو گئی تھی یاد کی گٹھری کہیں
دل وہی دولت کہاں سے پا گیا

یاد آیا چھند بھولی بپیر کا
کس کے ہونٹوں پہ مرا گیت آ گیا

سسکیوں سے کیوں بھری لگتی ہوا
پھول کوئی کیا کہیں مسلا گیا

پھر وہی کاندھے وہی سولی ہے
دم مسیحا توڑتے دیکھا گیا

سانسوں کو وشرام ملا ہے
پوجن کو پربنام ملا ہے

آنسو کی بہتی ندیا کو
بھولا سا اک گرام ملا ہے

میری سانسوں کے پنّوں پر
جانے کس کا نام ملا ہے

جس نے ہر پل ساتھ نبھایا
درد وہی اوِیرام ملا ہے

مندر مسجد گوردوارے میں
رام وہی ابھیرام ملا ہے

میں نے خواب سنہرے دیکھے
گھاٹے والا دام ملا ہے

دل میں حسرت رہی ہے اسی شام سے
میں پکاروں تمہیں پیار کے نام سے

دوش یوں تو انھیں تیری آنکھوں کا تھا
اور ہو کے رہے ہم ہی بدنام سے

بک رہے ہیں اگر پوری قیمت تو لیں
لوگ بکتے یہاں کیوں گھٹے دام سے

آپ نے حال پوچھا جو سہلا کے زخم
درد بھی سہہ گئے کتنے آرام سے

اس نے ہنس کر کہا جھانک کر آنکھ میں
آج تو آئینے سب گئے کام سے

خاک صحرا کی ہو آگ ہو ظلم کی
پیار ڈرتا نہیں اپنے انجام سے

پیار چھلکے مرا آپ کی آنکھ سے
میں نے مانگا سدا بس یہی رام سے

مجھ پہ انگارے نہ برسا پھول برسانے کے بعد
مت بڑھا تو اور الجھن ڈور سلجھانے کے بعد

زندگی کے ہر ورق پر ہر غزل تجھ پر لکھی
اور کیا لکھے گا کوئی مجھ سے دیوانے کے بعد

چند سانسیں ہی بچی ہیں پاس کچھ بھی تو نہیں
جیسے خالی ہو گئی ہوں دل کے نذرانے کے بعد

اب کنارے پر ہمارا حق ہمیں دے دیجئے
ہم یہاں تک آئے ہیں طوفاں سے ٹکرانے کے بعد

عمر بھر رکھنا ہے تم کو اپنے وعدے کا خیال
جھوٹ ہونٹوں پر نہیں آتا قسم کھانے کے بعد

ہر غزل کا شعر جیسے خود مکمل ہو گیا
شاعری آ ہی گئی کچھ درد اپنانے کے بعد

اندر دھنش کے رنگ اس کو اب بھلے لگتے نہیں
آنکھ جوگن ہو گئی ہے خواب مر جانے کے بعد

تماشہ دیکھتے ہیں عشق کا الزام ڈھو کر بھی
تمہارے نام کی خاطر یہاں بدنام ہو کر بھی

کبھی منجدھار میں بھٹکے کبھی ترسے سہاروں کو
کنارا مل گیا ہم کو یہاں کشتی ڈبو کر بھی

بڑھی ہیں دوریاں کتنی تجھے پانے کی کوشش ہیں
تجھے پایا نہیں ہم نے ترے دل میں سمو کر بھی

ہماری آنکھ کے چھالوں سے رستے زخم خوابوں کے
سہی جاتی نہیں اس دل سے اب ہلکی سی ٹھوکر بھی

سنا ہے وقت کی سیپی کا کچھ دستور ہے ایسا
ہمیشہ دل کو موتی ہی ملا ہے اشک بو کر بھی

سمرپن رادھیکا کا بن گیا ہے آچرن من کا
کہ ہم نے پالیا ہے اس کو اپنا آپ کھو کر بھی

کبھی شامل کیا ہم کو کبھی ، ہم کھیل سے باہر
کہ جیسے تاش کی گڈی میں ہوتا ایک جوکر بھی

مگر اب آہٹیں باقی ہیں کچھ لہراتے سائے ہیں
بہت سے لوگ گزرے ہیں ہمارے دل سے ہو کر بھی

میری آواز میں اب مجھ کو بلایا کس نے
سوئے احساس کو یوں پھر سے جگایا کس نے

جب کوئی نام فسانے میں نہیں آنا تھا
بے سبب درد کا دیوان لکھایا کس نے

کبھی آیا ہی نہیں نام ترا ہونٹوں پہ
میری آنکھوں سے وہی نام چرایا کس نے

وقت کی سیپی میں بن جائیں گی یہ بھی موتی
درد کی بوندوں کو یہ راز بتایا کس نے

بس اِسی درد میں جلتی رہی لمحہ لمحہ
میں تو روٹھی ہی رہی مجھ کو منایا کس نے

میں تو بو کھرکی طرح خود میں کہیں ٹھہری تھی
آچمن کرنے کو انجری میں اٹھایا کس نے

آپ نے اپنا لیا تو آپ کی ہو جاؤں گی
یوں مسافر ہوں سفر کی گرد میں کھو جاؤں گی

یاد میں تنہا یوں اکیلے یہ تو ممکن ہی نہیں
میں تری آنکھوں میں بھی اک درد سا بو جاؤں گی

آپ کی راہوں کا تپنا اب نہیں ممکن کبھی
اپنے اشکوں سے یہ راہیں اس طرح دھو جاؤں گی

روک لو اس بار بس تم الوداع کہنا نہیں
لوٹ کر آنا ہے مشکل اب کبھی جو جاؤں گی

منتیں سُن کر مری یہ عمر نے ہنس کر کہا
رُک گئی ہوں آج لیکن میں کبھی تو جاؤں گی

تھک گئے ہیں خواب سارے سات اب چلتے نہیں
تھپکیاں دیتی ہیں یادیں آج میں سو جاؤں گی

ساتھ کیا لایا تھا بندے ساتھ کیا لے جائے گا
راکھ ہوتی اس چتا کو بس دھواں دے جائے گا

سانس کے مدھوبن میں چلتی گندھ بھینی راگنی
اس کی آہٹ ہی ملے گی جس ڈگر پر جائے گا

سونے کی لنکا میں اُس کا نام تو لیتا نہیں
ہوش میں تو آجا ورنہ، دو جہاں سے جائے گا

دل ڈرائیں گے ترا ہر موڑ پر — یہ آئینے
ہاتھ میں خنجر لیے تو جس ڈگر سے جائے گا

تال پوکھر بھر گئے ہیں آدمی کے خون سے
گاؤں میں اب آ چمن کو دوار کس کے جائیں گے

تجھ کو پایا نہ ہو ایسا بھی تو نہیں
تجھ کو کھویا نہ ہوا ایسا بھی تو نہیں

آپ کو دیکھ کر آنکھ چھلکی نہیں
اشک آیا نہ ہوا ایسا بھی تو نہیں

چاند کو دیکھ کر سندھ خاموش ہے
جوار اٹھتا نہ ہوا ایسا بھی تو نہیں

ایک مدت ہوئی اس کو بھولے ہوئے
یاد آتا نہ ہو ایسا بھی تو نہیں

سامنے اس کے تو ہونٹ چپ ہی رہے
درد جاگا نہ ہوا ایسا بھی تو نہیں

گنگا مجبور تھی پاس ٹھہری نہیں
گھاٹ آیا نہ ہوا ایسا بھی تو نہیں

چوٹ کھاتے رہے مسکراتے رہے
گھاؤ گہرا نہ ہوا ایسا بھی تو نہیں

آپ کے بعد غزلیں ادھوری رہیں
شعر ہوتا نہ ہوا ایسا بھی تو نہیں

اپنی آنکھوں میں جگہ دے دینا
چاہے سانسوں کا ورہ دے دینا

بے سبب مجھ سے مت دغا کرنا
کوئی نفرت کی وجہ دے دینا

دے رہے ہو جدائی تو ٹھہرو
رات کٹ جائے صبح دے دینا

بدگماں ہو کے مت جدا ہونا
دل کی الجھن کو صلح دے دینا

مجھ کو تو ہارنے کی عادت ہے
سب کی ہاروں کو فتح دے دینا

گانٹھ باندھی تھی جو وہ ڈھیلی ہے
اس میں ایک اور گرہ دے دینا

وہیں مل لیں گی میری سانسیں خود
اپنی سانسوں کی سطح دے دینا

ایک غزل میں تمہارے نام لکھوں
دل کے مصرع کو طرح دے دینا

دور ہم سے ہیں اپنے ہی سائے
دل بھلا تم کو کیسے بُلائے

تیری آواز آتی نہیں ہے
دور اتنا بھی کیوں تم سے آئے

درد دیسا کا دیسا وہیں ہے
بھول کر بھی کہاں بھول پائے

آج بھی دل نے جانا نہیں ہے
خواب آنکھوں میں کیسے چھپائے

جا رہے ہیں جہاں سے اکیلے
تھے جہاں میں اکیلے ہی آئے

موت کی نیند سے اٹھ نہ پاؤں
چاہے جتنا بھی کوئی جگائے

میں ترے اشک پی لوں کہ جیسے
اوس پتے سے کوئی اٹھائے

کی بسر زندگی اس طرح سے
دیپ دل کے جلائے بجھائے

بہت ہیں زندگی میں غم — سنو — خاموش کیوں ہو تم
تمہارے روبرو ہیں ہم — سنو — خاموش کیوں ہو تم

تمہاری خامشی پر بس — ہماری جان جاتی ہے
ہماری زندگی ہے کم — سنو — خاموش کیوں ہو تم

کہا تھا تم نے آنکھوں میں یہ دنیا بھول جاؤ گے
تمہیں کیا خوف ہے ہر دم — سنو — خاموش کیوں ہو تم

ہمیں دے دو اداسی آنکھ میں کب تک چھپاؤ گے
بنا دیں گے اسے شبنم — سنو — خاموش کیوں ہو تم

سجا کر چاند کا گجرا یہ پگلی رات آئی ہے
بکھرتی سانس کی سرگم — سنو — خاموش کیوں ہو تم

لہرتے گل مہر پر یہ — اترتی سانجھ ٹھہری ہے
بدل جائے نہ یہ موسم — سنو — خاموش کیوں ہو تم

فسانہ دل کا کہہ لو آج — جانے کب ملیں ہم تم
چراغوں میں ابھی ہے دم — سنو — خاموش کیوں ہو تم

میرے سکھ کی کوئی دعا نہ کرو
درد مجھ سے مرا جدا نہ کرو

کون آنسو کسی کے پونچھتا ہے
درد ہر ایک سے کہا نہ کرو

بجھ گئے یاد کے الاؤ سبھی
ان پہ پھر سے سنو ہوا نہ کرو

پیار میں یہ حساب ٹھیک نہیں
قرض تو لو مگر ادا نہ کرو

سب کو اس نے گڑھا ہے مٹی سے
شکل کیسی بھی ہو ہنسا نہ کرو

نا سمجھ دل کو تھا بہت روکا
بے وفا سے کبھی وفا نہ کرو

تم نے دیکھا ہے مجھ کو سمجھا نہیں
اس قدر پیار سے ملا نہ کرو

ہو ملن یا جدائی کھیل نہیں
کوئی جلدی میں فیصلہ نہ کرو

جانے کتنے سپنے لے کر بہتی ہے دن رات ندی
ہنستے گاتے سہہ لیتی ہے جیون کے آگھات ندی

سب کو اپنا سب کچھ سونپے رکھتی کچھ بھی پاس نہیں
پیار میں ڈوبی پیار بانٹتی کبھی نہیں پر تیگھات ندی

جھوم جھوم کر ہوا نے چوما پیڑوں نے سنکیت کیے
دونوں ہونٹ کھلے رکھتی ہے کرتی کیسے بات ندی

اپنے ہی سے اپنی دوری اس کو یہ ابھیشاپ ملا
دو دو پاٹ جیا کرتی ہے کیسا ہے انو پات ندی

گاؤں گاؤں ہے نگر نگر ہے گھاٹ گھاٹ ہے لہر لہر
دیپ گان ہے دھوپ دھیان ہے کومل کس نے گات ندی

کبھی آچمن کبھی تکن ہے کبھی وسرجن کی پوجا
کرتی ہے ابھیشیک کسی کا پادن ہے سوغات ندی

جانے کتنے بادل برسے پیر اُسی کی پی کر ہی
اس کے آنسو اس پہ برسے برسی بن برسات ندی

کیا کیا اٹھائے ہیں دکھ اک بار مسکرا کر
چھوڑا ہے زندگی نے اک اجنبی بنا کر

اس درد کی ندی کا دکھتا نہیں کنارا
یہ حسرتوں کی کشتی لائی کہاں بہا کر

میں دھوپ میں تپی تو لیکن تمہاری خاطر
تھوڑی سی چھاؤں میں نے کچھ چھوڑی ہے بچا کر

دل نے لکھا ہے جس کو خوں میں ڈبو کے انگلی
وہ خط ہوں تیرے درد کا پڑھے ذرا اٹھا کر

ڈر تھا کہ کھل نہ جائے محفل میں راز دل کا
ہم دیکھتے تھے تم کو نظریں بچا بچا کر

اس پیار کے جوے کا دستور بھی عجب ہے
یہ جو بھی کھیلتا ہے اٹھتا ہے سب گنوا کر

جس شاخ کا ہوں پتہ جانے کہاں وہ چھوٹی
کس کے جنوں کی آندھی لے آئی یوں اڑا کر

یہ وقت کا مسافر ڈھونڈھے نہیں ملے گا
گزرا ہے رہ گزر سے اپنے نشاں مٹا کر

لاش سچ کی یہاں بے کفن ہو گئی
آج انسانیت بد چلن ہو گئی

اس وطن کے لیے جو کٹاتی تھی سر
قوم وہ دوستو بے وطن ہو گئی

ہر طرف سونی گلیاں سلگتے مکان
زندگی ایک جلتا چمن ہو گئی

عید ہولی تھے ملتے گلے سے گلے
بات وہ پیار کی اب سپن ہو گئی

آج گھر میں ہے چھایا دھواں ہی دھواں
کس قدر اپنے اندر گھٹن ہو گئی

شبد میں ارتھ میں تیری خوشبو بسی
ہر غزل میری تیرا سجن ہو گئی

مل نہیں سکتے اگر مجبور ہو جانے کے بعد
یاد بھی آتی نہیں کیا دور ہو جانے کے بعد

آپ نے دیکھا ہو کچھ تو آپ ہی بتلائیے
وہ تو اب ملتا نہیں مشہور ہو جانے کے بعد

بس وِنے اور پریم ہی سے وہ مجھے مل پائیگا
ایشور ملتا نہیں مغرور ہو جانے کے بعد

فیصلہ ملتا بھلا کیسے ترے اقرار کا
دل کی عرضی کھو گئی منظور ہو جانے کے بعد

زندگی کی انگلیاں یوں بے طرح گھائل ہوئیں
آئینہ جوڑ لے کیسے ہم چور ہو جانے کے بعد

جانتی ہوں کہ تم کو کھونا ہے
آؤ ہنس لیں کہ پھر تو رونا ہے

ہم کو اپنا پتہ بھی یاد نہیں
تیری آنکھوں کا جادو ٹونا ہے

جو ہتھیلی پہ تھا حنا سے لکھا
نام وہ آنسوؤں سے دھونا ہے

حادثے اور کتنے باقی ہیں
آج ہو جائے کل جو ہونا ہے

ہر طرف پیار پیار پیار اُگے
بیج ایسا دلوں میں بونا ہے

تو ابھی تک بسا ہے سانسوں میں
تجھ سے مہکا یہ کونا کونا ہے

موت اور زندگی کا ارتھ ہے کیا
سانس کا جاگنا ہے سونا ہے

کبھی دریا کبھی صحرا دکھائی دیتا ہے
تمہاری آنکھ میں کیا کیا دکھائی دیتا ہے

میں کیا بتاؤں ابھی کون پاس سے گزرا
ہر ایک چہرہ ہی تجھ سا دکھائی دیتا ہے

اسی ادا سے مرے دل میں آیا وہ جیسے
گگن میں چاند سا اگتا دکھائی دیتا ہے

کل اس کو یاد کیا تھا ثبوت حاضر ہے
یہ ایک زخم جو تازہ دکھائی دیتا ہے

دھواں دھواں ہے نگر آگ آنکھیں میں
وہ ایک شخص تو ہنستا دکھائی دیتا ہے

میں اس کی جھیل سی آنکھوں میں دیکھنا چاہوں
ابھی بھی کیا مرا چہرہ دکھائی دیتا ہے

پیار اک دل کی بھول ہوتا ہے
دل سے کہنا فضول ہوتا ہے

خواب آنکھیں ادھار لے تو چکیں
قرض کب تک وصول ہوتا ہے

کرسیاں دیکھیں بھوک سے کیسے
آدمی بے اصول ہوتا ہے

ہم فقیر دل کو آپ کیا دیں گے
سونا چاندی تو دھول ہوتا ہے

موت کے ہاتھ میں یہ جیون تو
ایک خوش رنگ پھول ہوتا ہے

جس طرح ہم نے جی لیا دیپ
درد کس کو قبول ہوتا ہے

تری دنیا ہے جنگل جادوؤں کا
بھٹکتا نہیں من ہم سادھوؤں کا

یہاں بس دوستوں سے بچ کے رہیے
یہاں خطرہ نہیں اب ڈاکوؤں کا

جو دے دانا اُسی کے گیت گائیں
بھروسہ کچھ نہیں کاکاتوؤں کا

بلندی سے گرایا ہے زمیں پر
یقیں ہوتا نہیں ان بازوؤں کا

یہ جب ہیں مارتے معصوم بچے
تو کیا روتا نہیں دل چاقوؤں کا

بہائے میری خاطر جو کسی نے
غزل احساس ہے ان آنسوؤں کا

تری یاد کی تپن سے وہ سب پگھل نہ جائیں
جو چھپا لیے ہیں آنسو کہیں پھر مچل نہ جائیں

نہیں اس کا ڈر کہ دنیا مرا درد جان لے گی
مرا گیت گانے والے ترے ہونٹ جل نہ جائیں

ملے بعد ایک مدت یہ خوشی تو ہے مگر تم
مرا نام مت پکارو کہیں لوگ جل نہ جائیں

مرا گھر جلانے آئے مرے دشمنوں سنبھلنا
مرے گھر کو پھونکنے میں کہیں ہاتھ جل نہ جائیں

تجھے سامنے جو دیکھا تو میں کھو گئی اچانک
تری چاہتوں کے دیپک کہیں پھر سے جل نہ جائیں

تمہارا نام مٹا کے غزل یہ لکھی ہے
لہکتے خواب جلا کے غزل یہ لکھی ہے

سنہری سانجھ کے مکھڑے پہ سرمئی آنچل
گگن کے رنگ چرا کے غزل یہ لکھی ہے

تمہارے پاس جو آئے سبھی سے دور ہوتے
کہ ہم نے خود کو بھلا کے غزل یہ لکھی ہے

دھوئیں سے جب نہ گئی تیرے پیار کی خوشبو
خطوں کی راکھ بہا کے غزل یہ لکھی ہے

ہمارا پیار نہ آجائے روشنی میں کہیں
اسی سے دیپ بجھا کے غزل یہ لکھی ہے

یہ اور بات کہ شبدوں میں تم نظر آؤ
تمہارا نام چھپا کے غزل یہ لکھی ہے

کہانی ہے مرے دیوانگی کے عالم کی
تمام عمر گنوا کے غزل یہ لکھی ہے

تمہاری آنکھ کا جادو چرا لیا میں نے
تمہارا راز تمہیں سے چھپا لیا میں نے

تمام عمر جو اپنی تلاش میں بھٹکا
اُسی سے اس کے نگر کا پتہ لیا میں نے

کہوں گی آج بھی کیا اس سے الوداع کہہ کر
نہ جانے پھر بھی اسے کیوں بلا لیا میں نے

جو میری یاد میں بھیگی نہیں نظر اس کی
کسی کی آنکھ کا آنسو چرا لیا میں نے

پکار لوں نہ کہیں بے خودی کے عالم میں
جہاں کے ڈر سے زباں کو کٹا لیا میں نے

مرا ہی آئینہ پہچانتا نہیں مجھ کو
یہ کس کے چہرے سا چہرہ لگا لیا میں نے

غلام دل کے رہے دل کی بات ہی مانی
نہ روشنی نہ دھواں گھر جلا لیا میں نے

میرا اسے احساس ہوا ہو یہ بھی تو ہو سکتا ہے
وہ بھی مجھ کو سوچ رہا ہو یہ بھی تو ہو سکتا ہے

میرے من میں گونج رہی ہیں سناٹے کی آوازیں
میرے اندر کوئی چھپا ہو یہ بھی تو ہو سکتا ہے

بستی بستی پھرنے والے او چندا بنجارے رک
کوئی تیرے ساتھ چلا ہو یہ بھی تو ہو سکتا ہے

اس نے نہیں منایا مجھ کو ایسا پہلی بار ہوا
وہ بھی مجھ سے روٹھ گیا ہو یہ بھی تو ہو سکتا ہے

ہنستے ہنستے جانے کیسے اس کی آنکھیں بھیگ گئیں
میرے غم نے اس کو چھوا ہو یہ بھی تو ہو سکتا ہے

میں نے آہٹ سن کر سوچا بچھڑی خوشیاں آئی ہیں
غم نے مجھ کو ڈھونڈ لیا ہو یہ بھی تو ہو سکتا ہے

اس کے ہلتے ہونٹوں پر تو خاموشی کا پہرہ تھا
وہ آنکھوں سے لوٹ رہا ہو یہ بھی تو ہو سکتا ہے

میں نے اس کو چپکے چپکے چھپ چھپ کر ہی دیکھا تھا
اس نے مجھ کو دیکھ لیا ہو — یہ بھی تو ہو سکتا ہے

سونی سونی اس کی نظریں مجھ کو کتنی غیر لگیں
میری آگ میں وہ بھی جلا ہو یہ بھی تو ہو سکتا ہے

اُس سے بچھڑ کر میری راہیں نگری نگری بھٹکی ہیں
میری منزل اس کا پتہ ہو یہ بھی تو ہو سکتا ہے

آج بھور کی آنکھوں میں اک سرد اُداسی ٹھہری ہے
رات گئے کوئی درد جگا ہو یہ بھی تو ہو سکتا ہے

رات ہوا محسوس کسی نے ہونٹ دھرے ہوں ماتھے پر
کوئی نہ ہو بس سرد ہوا ہو یہ بھی تو ہو سکتا ہے

دوارے دوارے ڈھونڈ رہی ہوں اپنا چہرہ بستی میں
پوری بستی بے چہرہ ہو یہ بھی تو ہو سکتا ہے

آئے وہ تیرے دوار پر آنسو بکھیر دے
جو کچھ ہے تیرے پاس وہ سب تو بکھیر دے

اُس سے بچھڑ کے گزرا ہے اے دل جدھر سے تو
اُس راستے میں یاد کے گھنگرو بکھیر دے

اُڑتا پھرے ہے راہ میں پتّہ جو ٹوٹ کر
تو اس کے ساتھ گیت کا جادو بکھیر دے

چپ چاپ سانس روکے کھڑی ہے جو یہ ہوا
بولے تو تیرے نام کی خوشبو بکھیر دے

چپ چاپ سانس روکے کھڑی ہے ابھی ہوا
بولے تو تیرے نام کی خوشبو بکھیر دے

اس کے سفر کی رات اندھیری نہیں رہے
آنچل میں لائے پیار کے جگنو بکھیر دے

آئی تپن کہ تال سے اٹھنے لگا دھواں
کہہ دو گھٹا سے آج تو گیسو بکھیر دے

اے دل اسے بتا دے کہ تو اس کا ہو گیا
اس کے خیال میں مری خوشبو بکھیر دے

اس کا احساس کس کو ہوتا ہے
ہنسنے والا بھی کتنا روتا ہے

کیوں دکھاتے ہو زخم لوگوں کو
کون کس کا جہاں میں ہوتا ہے

اے سمندر تری خطا کب ہے
تو خوشی سے کسے ڈبوتا ہے

کچھ نہیں مانگتا کسی سے جو
وہ ہی سچا فقیر ہوتا ہے

تجھ کو پانے میں خود کو کھویا ہے
اس سے بڑھ کر بھی کوئی کھوتا ہے

کوئی زندہ بچا نہ بستی میں
کون لاشیں یہاں پر ڈھوتا ہے

اے ندی یہ اُدارتا ہے تری
تجھ میں قاتل بھی ہاتھ دھوتا ہے

اوس کی بوند یا میرا آنسو
چاند ہونٹوں پہ رکھ کے سوتا ہے

مری غزل بھی رہی اس طرح زمانے میں
فقیر جیسے ہو پیروں کے آستانے میں

یہ اور بات کہ احساس کھا گیا دھوکا
تمہاری یاد تھی شامل تمہیں بھلانے میں

اس احتیاط سے میں نے کہے ہیں سارے شعر
تمہارا نام نہ پڑھ لے کوئی زمانے میں

سوا اس کے کہ اپنی خبر نہیں اس کو
نہ پائی کوئی کمی آپ کے دیوانے میں

تری کتاب میں وہ اک ورق جو سادہ ہے
میرا وجود ہے اتنا ترے فسانے میں

کیا شجر میں نئے پتے آنے لگے
بے سبب ہونٹ کیوں گنگنانے لگے

کیوں اچانک ہمیں یاد وہ آگئے
بھول پانے میں جن کو زمانے لگے

تب تلک اس کی دوری کو دوری سمجھ
جب تلک اس کی خوشبو نہ آنے لگے

دل کی جلتی زمیں کو سکوں مل گیا
جب تری یاد کے شامیانے لگے

تو میرا ہے اگر تو ملا کیوں نہیں
لوگ میرا یقیں آزمانے لگے

پاس آئے جو تم تو تمہیں تم رہے
دھیرے دھیرے سبھی دور جانے لگے

کیا مری یاد نے آپ کو چھو لیا
آپ مری غزل کیوں منانے لگے

ایک لمحہ تڑپ کر غزل بن گیا
جب وہ محفل میں نظریں چرانے لگے

ایسا نہیں کہ دل میں کبھی سوچتے نہیں
سہتے ہیں ستم تیرے مگر بولتے نہیں

دل کے سفر کی داستان پوری نہیں ہوئی
دیکھو کسی کو بیچ میں یوں لوٹتے نہیں

جن آنسوؤں کو آپ کے غم نے چھوا نہ ہو
ان آنسوؤں کو آنکھ میں ہم روکتے نہیں

آخر تڑپ کے آنکھوں سے ہم نے بھی کہہ دیا
دریا کسی کے درد کا یوں سوکھتے نہیں

جو پہلی بار سوچا وہی آخری رہا
ہم بار بار اپنا یقیں تولتے نہیں

سولی ہو یا زہر ہو کہ کربلا کی پیاس
کچھ لوگ سچ کی راہ کبھی چھوڑتے نہیں

مری آنکھوں کو جو تم ایک غزل کہتے ہو
سونے دو سیپوں کو یہ کیوں جل کا محل کہتے ہو

جس نے دولت کے لیے دین دھرم بیچ دیا
ایسے ہارے ہوئے انساں کو سپھل کہتے ہو

ایک چوپڑ پر ہیں اس وقت کے سارے پانسے
کھیلنے والے اسے سجا گیہ رمل کہتے ہو

عمر کو دیتا ہے وہ قرض گنی سانسوں کا
سود ہوتا ہے ادا اور اصل کہتے ہو

یہ کٹے ہاتھوں کا انتم سا بیاں لگتا ہے
وہ جسے گرد سے تم تاج محل کہتے ہو

حال سے تو امید نہیں کچھ جو کچھ ہے مستقبل ہے
وقت سے پہلے، کرم سے زائد مل پانا تو مشکل ہے

سہنا مشکل، کہنا مشکل، درد کی یہ کیسی منزل ہے
ریت میں لوٹی ناؤ پھنسی ہے، بچھڑا اس سے ساحل ہے

میرے اندر چھپ کے کوئی مجھ پر کرتا ہے جادو
من کو باندھے جو مٹھی میں یاد کسی کی عامل ہے

جس کو سمجھے بھول گئے ہیں اس کی خوشبو غزلوں میں
دور کہیں وہ چھوٹا ساتھی دھڑکن دھڑکن شامل ہے

چاند نے شب کے ہونٹ چھوئے تو اس کے آنسو بہ نکلے
وقت لگے ہے ٹھہرا ٹھہرا سانس ہوا کی بوجھل ہے

تیری حسرت تیری چاہت تیری باتیں تیرا ذکر
میری غزلوں میں سب کچھ ہے یہ شبدوں کی محفل ہے

میری ارتھی پر جو آ کے سب سے زیادہ رویا تھا
دھیان سے دیکھو اس کو یارو وہ ہی میرا قاتل ہے

یاد کوئی میری آنکھوں میں گھر آئی ہے تب سے
دھول بھرے اک طاق پہ تیرے خط پائے ہیں جب سے

تجھ کو چاہا، تجھ کو پوجا، کھویا تجھ میں خود کو
تیرے بعد نہیں کچھ مانگا ہم نے اپنے رب سے

دل تو پگلا بھولا بھالا کب سمجھا دنیا کو
دھوکا دینے والے ساتھی ملتے بڑے ادب سے

چلتے چلتے رک جاتی ہوں اکثر خود میں کھو جاتی ہوں
بھولی بسری ایک غزل پھر ہونٹ پہ آئی جب سے

میرا درد بھی دیکھا اس نے دیکھے تھے آنسو بھی
پھر بھی وہ پیڑا نہیں سمجھا کہنی بھی کیا لب سے

دنیا سچا پیار کوئی تو ہم خود ہی بک جاتے
لیکن جو بھی ملتا ہے وہ ملتا ہے مطلب سے

آنکھ کی جوگن دیپ جلا کر راہ تکے ہے تیری
ٹوٹے سپنے کیا مانگیں ہم جاگی شب سے

عمر کو تیری باہوں میں جب نیند آئے گی گہری
اسی پیار سے میری آنکھیں چھولینا پھر لب سے

پانی پانی آگ کا چہرہ ندی سے اٹھتی لپٹیں
تیری بستی میں دیکھے ہیں منظر کئی عجب سے

اپنے پریم کی بھکشا دے کر بھر دے جھول خالی
رُکا ہوا ہے دوار پہ تیرے من کا جوگی کب سے

ہم خود کبھی بہار سے کھل کر ملے نہیں
مٹھی میں ہیں وہ پھول جواب تک کھلے نہیں

ویسے ہمارے بیچ تو شکوے گلے نہیں
پہلی سی بات پہلے سے وہ سلسلے نہیں

لینا بھی چاہوں نام رکھو اس کا بھی خیال
جنبش نہ ہو لبوں میں زباں تک ہلے نہیں

آئینۂ یقین کی کرچیں ہیں راہ میں
چلنا ہے احتیاط سے تلوہ چھلے نہیں

تنہائیوں کے شاپ سے مجھ کو بچا سکیں
قسمت میں میری خواب کے وہ قافلے نہیں

ہوتا نہیں یقین مگر بات تو ہے سچ
وہ آئے میرے شہر میں مجھ سے ملے نہیں

ایک جھوٹا یقین لگتی ہے
زندگی تُو حسین لگتی ہے

تیرے خوابوں سے آنکھ بوجھل ہو
نیند تب بہترین لگتی ہے

ہر گھڑی نام اُسی کا لیتی ہے
سانس کافی ذہین لگتی ہے

آنکھ میرا کی طرح پگلی ہے
پریت یہ ست بگین لگتی ہے

پانی نے راستہ بدل جو دیا
وہ ندی اب زمین لگتی ہے

ایک درگاہ کی جالی سے وفاؤں کی طرح
ہیں بندھے آج بھی ناکام دعاؤں کی طرح

ہم طلب گار نہ تھے تیری عنایت کے کبھی
زندگی کاٹ لی ہم نے تو سزاؤں کی طرح

زندگی تھی کوئی گنبد تو نہیں تھی پھر بھی
بے سبب بھٹکے ہیں بے نام صداؤں کی طرح

عشق، اخلاق، وفا آپ کہاں پائیں گے
پیار جب بکتا ہو اشلیل[1] اداؤں کی طرح

موت پر قابو نہیں اور ذرا دیکھو تو
خود کو پجواتے ہیں کچھ لوگ خداؤں کی طرح

اک اک بوند کو ترسا کیے خود جیون بھر
برسے اوروں کے لیے ہم تو گھٹاؤں کی طرح

اس طرف جا کے بھلا کون ادھر لوٹا ہے
سب گزر جائیں گے جنگل کی ہواؤں کی طرح

[1] گندے۔

اس نے دی ہے مجھے صدا شاید
کوئی روکے ہے راستہ شاید

وہ مجھے خط نہ لکھے ناممکن
کھو گیا ہے مرا پتہ شاید

درمیاں میں غبار تک نہ رہا
ہو گیا مجھ سے وہ جدا شاید

وہ کبھی روٹھتا نہ تھا مجھ سے
مجھ سے ہی ہو گئی خطا شاید

ظلم و نفرت کی آندھیاں دیکھو
ہو نہ ہو سو گیا خدا شاید

نیند کتنی اداس لگتی ہے
خواب آنکھوں کا لٹ گیا شاید

جان کر بازی ہار جاتا ہے
یہ بھی ہے دل کی اک ادا شاید

کچھ سفر کا غبار جیسا تھا
سانسوں پر اک ادھار جیسا تھا

یکبیک اس کا ایسے چپ ہونا
چیخ تھی یا پکار جیسا تھا

جو کہا تم نے اور سنا میں نے
عمر بھر اک خمار جیسا تھا

نام جو ہونٹ پر نہیں آیا
دھڑکنوں میں شمار جیسا تھا

نام تیرا لکھا تھا انگلی سے
پر شِلا؎ پر ابھار جیسا تھا

نیم سے چاند جیسے بکھرا تھا
چاندنی کو بخار جیسا تھا

چوٹ کھا کے بھی گنگناتا رہا
میرا دل بھی ستار جیسا تھا

؎ پتھر

تیری چاہت کا جب بھرم ٹوٹا
کچھ نشے کے اتار جیسا تھا

یادوں کے سب لگاؤ مٹتے گئے
وقت بھی تیز دھار جیسا تھا

دل پہ اک بوجھ لے کے جیتی رہی
جو گناہوں کے بھار جیسا تھا

دل میں نام لے لیں گے لب کبھی نہ کھولیں گے
صبر کی حدیں آخر اور کتنی تولیں گے

اس طرح لکھیں گے ہم شعر تم کو دیکھیں بھی
آج اپنی آنکھوں میں انگلیاں ڈبو لیں گے

چھوڑ کر تجھے اب ہم دور رہ نہ پائیں گے
بس ہوا کی صورت ہم تیرے ساتھ ہو لیں گے

آپ کی سبھی باتیں سچ مجھے نہ کیوں لگتیں
آپ میرے ہیں مجھ سے جھوٹ تو نہ بولیں گے

عمر کٹ گئی ساری جیٹھ کی دوپہری میں
چھاؤں تیری مل جائے تھوڑی دیر سو لیں گے

آنکھیں جاگتے رہنے سے کریں گی جب انکار
ہم غزل کے کاندھے پر رکھ کے سر کو سو لیں گے

ایک دھبہ سا میری روح پر جو دکھتا ہے
جسم جب تھکے گا تو داغ اپنا دھو لیں گے

کہتے کہتے جب کہانی بے زباں ہونے لگی
اپنے اشکوں کی زبانی خود بیاں ہونے لگی

تیری یادوں سے دہکتے شعر جب ہونے لگے
کہتے کہتے یہ غزل اب کچھ رواں ہونے لگی

سون جوہی سانس کی شاخوں پہ مہکی عمر بھر
خوبصورت سی غزل کی کہکشاں ہونے لگی

چاند کا دیپک جلا کر رات جاگی رات بھر
بجھ گئی جب چاندنی تو خود دھواں ہونے لگی

دل کی رسوائی نے دل مشہور کتنا کر دیا
محفلوں میں اب ہماری داستاں ہونے لگی

خود سے خود کا فاصلہ کچھ اس قدر گھٹ سا گیا
یہ زمیں بھی ساتھ اس کے آسماں ہونے لگی

تجھ کو چاہا، تجھ کو پوجا، تیرے اندر کھو گئے
زندگی اب تیرے قدموں کا نشاں ہونے لگی

لاشوں کے بیوپاری لوگ
دنگوں کے آبھاری لوگ

جانے کیسے ہنس کر ڈھوتے
سانسوں کی لاچاری لوگ

صبح کی سُرخی بن کر بکھرے
کتنے ہی اخباری لوگ

جیسے تیسے نبھا رہے ہیں
اپنی دنیا داری لوگ

کاجو کھا کر راحت بانٹیں
یہ سارے سرکاری لوگ

محنت والے ہاتھ کاٹ کر
دور کریں بیکاری لوگ

خود داری کے خشک نوالے
کیا جانیں درباری لوگ

وہ یہاں آئے گا یہ دل کو بتا رکھا ہے
مرتے مرتے بھی ان آنکھوں کو کھلا رکھا ہے

امتحاں آپ مرے صبر کا اب کیا لیں گے
آپ سے پایا ہوا ہر زخم ہرا رکھا ہے

بے وفا آپ تھے ہم تھے کہ زمانے والے
چھوڑیئے آج، اب اس بات میں کیا رکھا ہے

تجھ کو آیا ہی نہیں میری محبت کا یقین
کب سے یہ ہاتھ تری سمت بڑھا رکھا ہے

ہر غزل سن کے مری اس کو ہوا ایسا گماں
جیسے ہر شعر اسے پہلے سُنا رکھا ہے

دل کی گھاٹی میں دبے پاؤں اتر جاتی ہے
تیری آنکھوں نے تو دیوانہ بنا رکھا ہے

میرے بعد اور بھی آجائیں گے لکھنے والے
میں نے اوروں کو بھی افسانہ سنا رکھا ہے

نشے[1] کی قید سے باہر نکل گیا کیسے
بھری دوپہر سورج یہ ڈھل گیا کیسے

وہ میرے اشک تھے پونچھے بھی میرے ہاتھوں نے
تمہارا ہاتھ مرے دوست جل گیا کیسے

جہاں سے لوٹ کے آنا ترا اسمبھو[2] ہے
تو اتنی دور بھی خود سے نکل گیا کیسے

یہ دل ہے برف کا دریا تو کوئی سمجھائے
سفینہ موم کا آخر پگھل گیا کیسے

تمہاری آنکھ میں کیوں عکس غیر شخص کا ہے
ہے آئینہ وہی چہرہ بدل گیا کیسے

تھا بے ضمیر جسے پیر میں نے مانا تھا
پھر اس کا جادو مرے دل پہ چل گیا کیسے

[1] وقت [2] ناممکن

اپنے اشکوں سے ہم نے اک افسانہ بے نام لکھا تھا
درد کو کتنی لاچاری سے الفت کا انجام لکھا تھا

ٹکڑے ٹکڑے کر کے میں نے خواب تو سارے پھینک دیے
وہ پتے بھی پھاڑ دیے ہیں جن پر تیرا نام لکھا تھا

تجھ کو پا کر کھو بھی دوں گی ایسا کس نے سوچا تھا
میرے ہاتھ کی ریکھاؤں میں یہ کیسا پرینام لکھا تھا

وقت کے پنوں پر ہم نے خود اپنی آنکھ سے دیکھا ہے
سول، پھانسی، دشش کے پیالے سچوں کا انعام لکھا تھا

جانے کیسے گندشہ خون کی بکھری ہے آنگن آنگن
ہم نے ہوا کے ہونٹوں پر تو خوشبو کا پیغام لکھا تھا

ٹے ٹیک

اپنے آپ سے دور رہے ہم
کس کے نشے میں چور رہے ہم

مہنگا پتھر ہو یا سستا
درپن درپن چور رہے ہم

کبیرا کی راہوں پر چل کر
تلسی، میرا، سور رہے ہم

گھائل انگلی نے سہلایا
یادوں کا سنتور رہے ہم

اپنی غیرت جھک نہیں پائی
وہ سمجھے مغرور رہے ہم

سر نہ جھکا طاقت کے آگے
عادت سے مجبور رہے ہم

ایک کرن بس چھو کر گزری
جیون بھر پُر نور رہے ہم

ہم نے حکومت کی ہے دلوں پر
شبدوں کے مزدور رہے ہم

مجھ سے مت پوچھ کہ کیوں آنکھ جھکا لی میں نے
تیری تصویر تھی جو تجھ سے چھپا لی میں نے

گھیرے رہتی ہے مجھے ایک انوکھی خوشبو
تیری یادوں سے ہر اک سانس سجا لی میں نے

ہر جنم سب کو یہاں پیار کہاں ملتا ہے
تیری چاہت میں تو یہ عمر بتا لی میں نے

ایک دھبہ سا وہاں اب بھی نظر آتا ہے
دل کی دیوار سے تصویر ہٹا لی میں نے

مجھ کو جانے کہاں احساس میرے لے جائیں
وقت کے ہاتھوں سے اک نظم اٹھا لی میں نے

جس پہ لکھا تھا کہ تُو میرے مقدر میں نہیں
اپنے ماتھے کی وہ تحریر مٹا لی میں نے

تجھ کو پا کر میں تیرے بعد بھلا کیا مانگوں
دل کا کاسہ کبھی پایا نہیں خالی میں نے

جس کے شعروں کو وہ سُن کے بہت رو یا تھا
بس وہی ایک غزل سب سے چھپا لی میں نے

ایک دیپک ساتھ میرے رات بھر جلتا رہا
ہاتھ لے کر ہاتھ میں یہ چاند بھی چلتا رہا

اس کے سپنوں سے مری آنکھیں بھری رہنے لگیں
کتنی آنکھوں کو میرا یہ خواب بھی کھلتا رہا

ایک بھیگا پن عجب سا آنکھ میں جھلکا کیا
ایک ٹکڑا برف جیسا سانس میں گلتا رہا

میں نے پلکوں سے اس کی راہ کے کانٹے چنے
اور وہ راہیں بدل کر پیار کو چھلتا رہا

میں تو اپنی رہ گزر میں دور تک تنہا ہی تھی
کون تھا جو ساتھ میرے عمر بھر چلتا رہا

ہونٹ میرے، نام اس کا، چھو نہیں سکتے مگر
نام اس کا، درد بن کر گیت میں ڈھلتا رہا

کانچ کے برتن میں مچھلی کی طرح آزاد تھے
خوب صورت زندگی کا یہ بھرم پلتا رہا

میرے اندر جیسے کوئی ٹھنڈا صحرا جلتا ہے
آہٹ آہٹ یوں لگتا ہے مجھ میں کوئی چلتا ہے

میں نے تو دہری پر بیٹھے بیٹھے رات گزاری ہے
میرے بستر پر پھر تنہا کروٹ کون بدلتا ہے

آگ ہون کی تیز ہے اتنی سارے منتر بھلا دے گی
اس ویدی پر سمیدھا والا ہاتھ ہمیشہ جلتا ہے

اس نگری میں کانچ کے ٹکڑے، پتھر، کانٹے بکھرے ہیں
دھیان سے چلنا اس نگری میں اکثر پاؤں پھسلتا ہے

تیز آنچ میں جل کر چوڑی ست رنگی بن جاتی ہے
میری سانسوں کا شیشہ بھی کتنے رنگ بدلتا ہے

وہ چاہے تو ہاتھ بڑھا کر گھر کے اندر لے جائے
اس کے در پر گرنے والا خود سے کہاں سنبھلتا ہے

چاند کے آنسو شبنم بن کر دھرتی کے سینے پر میں
سورج کی آہوں سے جیسے برف کا دریا گلتا ہے

نام اس کا گنگنایا دیر تک
ہونٹ پہلے تھرتھرایا دیر تک

پھر میری یادوں نے دستک دل پہ دی
پھر اُسے میں نے بھلایا دیر تک

اس میں صورت آپ کی تھی اس لیے
اشک آنکھوں میں نہ آیا دیر تک

اُڑ گیا پنچھی نہ جانے کب مگر
ہاتھ شاخوں نے ہلایا دیر تک

ہم نے تو اس کو پکارا ایک بار
گھاٹیوں نے پھر بلایا دیر تک

وہ بھی کیا کرتا نیا کچھ تھا نہیں
ایک ہی قصہ سنا دیا دیر تک

اشک ہونٹوں سے یوں اٹھایا تھا
جیسے سیپی کا دل چرایا تھا

کس کی خوشبو سے گھر مہکتا ہے
آج دوپہری پر کون آیا تھا

اس نے مڑ کے جو پیچھے دیکھا تو
ایک آنسو سا جھلملایا تھا

تم سے کرتی ہوں پیار کیوں کہتی
خود سے ہی راز جب چھپایا تھا

حق نہیں تھا پکار لینے کا
نام ہونٹوں پہ کپکپایا تھا

ختم ہوتے ہی روح سے رشتہ
جسم اک بار تھرتھرایا تھا

خوب صورت ہو گئیں غزلیں
اس نے جب ان کو گنگنایا تھا

اس نے مڑ کر دیکھا تھا
کیا اس کو کچھ کہنا تھا

وہ آیا تو بھول گئے
اس سے کیا کیا کہنا تھا

گھر کی نیند وں کی خاطر
سپنا گروی رکھا تھا

کیا یہ بھی اب یاد نہیں
تم نے مجھ کو چاہا تھا

بیخود ہو کر چاہت میں
خود کو خود سے مانگا تھا

میں نے اس کی آنکھوں میں
اپنا چہرہ دیکھا تھا

آنکھ سے آنسو گر ہی پڑے
یوں بھی ہم مجھ کو ہنسنا تھا

جب جب اس کو گایا ہے
آنکھوں میں آنسو آیا ہے

ان بہروں کی بستی میں
کس کو درد سنایا ہے

جو راتوں میں ساتھ نہیں
وہ میرا ہی سایا ہے

ساری بستی جان گئی
کس کو راز بتایا ہے

اس کو کیسے بھولوں میں
اس میں خود کو پایا ہے

کیوں سوچیں کیوں یاد کریں
کیا کھویا کیا پایا ہے

اس نے مجھ کو محفل میں
میرا شعر سنایا ہے

پیار کے ڈھائی آکھر دے
چاہے یگ یگ ٹھوکر دے

دل کے کورے کاغذ پر
تو بھی تو کچھ لکھ کر دے

غم ہی دینا ہے تو دے
شرط یہی ہے ہنس کر دے

زہر سے بھی انکار نہیں
اپنے ہاتھ سے آ کر دے

جوگی کی خود داری ہے
بھکشا در پر آ کر دے

بات تو جب ہے دینے والے
دکھ سکھ دونوں برابر دے

اس کی دین کا کیا بتلاؤں
قطرہ چاہوں سمندر دے

میرے پاؤں میں چکر کیوں ہے
دل یہ اتنا بے گھر کیوں ہے

میں تو آئینہ بھی نہیں ہوں
سب کے ہاتھ میں پتھر کیوں ہے

مجھ کو حسد ہوتی ہی نہیں ہے
کوئی مجھ سے بہتر کیوں ہے

سانس سانس خوشبو کی گھٹن ہے
دل پر ایسا پتھر کیوں ہے

ہر دل میں بھرا ہے کیسا غبار
بات بات میں نشتر کیوں ہے

مجھ سے بھول ہوئی ہے کوئی
اوشواس پرسپر[1] کیوں ہے

اس کا اتر[2] وہ ہی جانے
سچ اور جھوٹ برابر کیوں ہے

۱؎ آپس میں عدم اعتماد۔ ۲؎ جواب۔

پہلے مجھ سے ٹکرائے گا
تجھ تک جو پتھر آئے گا

ہم کو پہلے ہی یہ پتہ تھا
دوش ہمارے سر آئے گا

آج بھلے پہچان نہ پائے
جگ کل ہم کو ہی گائے گا

جس نے بستی جلوائی ہے
وہ ہی راحت بنٹوائے گا

محل، اٹاری، رشتہ داری
ساتھ نہیں کچھ بھی جائے گا

کچھ بھی تیرا نہیں رے پگلے
کیا کھویا کیا پائے گا

نیو کی اینٹیں روٹھ گئی ہیں
کب میرا گھر بن پائے گا

سانجھ بھئی گھر لوٹ رے جوگی
آگے جوگ نہ سدھ پائے گا

تجھ سے کیسے بتلائیں ہم جانے کیا کیا بھول گئے
تیری آنکھیں یاد رہیں بس تیرا چہرا بھول گئے

تیرے رخصت ہوتے ہی یہ دل نے اکثر سوچا ہے
کتنی باتیں ایسی تھیں جو تجھ کو بتانا بھول گئے

ہنسنا اپنی فطرت ہے سو ہنس کر آنسو پیتے ہیں
اس کی خاطر کتنا تڑپے اس کو بتانا بھول گئے

کل تک تجھ کو مل جائے گی چٹھی ڈال کے سوچا تھا
گھر پہنچے تو یاد آیا ہے، پتہ تو لکھنا بھول گئے

بادل نے جگ کی پیاس بجھائی سب کو جیون دان دیا
تیری دیا کے سارے بادل میری ترشنا بھول گئے

اس سے اپنا کیا رشتہ ہے جب جب ہم نے سوچا ہے
نگری نگری ایسا بھٹکے گھر کا رستہ بھول گئے

ندیا، سورج، چندا، ساگر سب نے تجھ کو دیکھا ہے
درپن درپن تجھ کو ڈھونڈا اپنا چہرہ بھول گئے

لہ پیاس

یہ سچ ہے یقیں پھر بھی تو ہوتا ہی نہیں ہے
کھویا اسے ہم نے جسے پایا ہی نہیں ہے

یہ درد کے جنگل سے گزرتا ہوا جیون
ہیں پیڑ گھنے پر کہیں چھایا ہی نہیں ہے

کیا تم سے گلہ چھوڑ گئے ساتھ جو میرا
جب رات کا ساتھی مرا سایا ہی نہیں ہے

بھالے کی طرح آنکھ میں چبھ جاتی ہیں کرنیں
سورج کی طرف غور سے دیکھا ہی نہیں ہے

آنکھوں میں عجب بھیڑ سی خوابوں کی لگی ہے
آئینہ میں اب عکس سماتا ہی نہیں ہے

بیتاب ہیں، بیچین ہیں بنجارے نین کے
کیسے اسے ڈھونڈیں جسے دیکھا ہی نہیں ہے

آج اچانک وہ بھی مجھ کو دنیا جیسا غیر لگا
آنکھوں کے آنسو بھی سوکھے دل میں ایسا دوڑ لگا

اب وہ میری اور بڑھا ہے ست رنگی پینگ لیکر
دل اک پاگل جوگی جیسا دیکھ رہا ہے ٹھگا ٹھگا

بیلے جیسی ڈھلی چاندنی چمپا جیسی لگتی ہے
جانے کس کی آہیں لے کر پیلا پیلا چاند اگا

مٹی بھر خوشبو جو ہوا نے میرے آنگن بکھرا دی
بوٹا بوٹا درد جگا ہے بھینی بھینی گندھ پگا

آج سویرا بھی لگتی کچھ کچھ ادھ سوئی ادھ جاگی سی
رات میں سوئیں آنکھیں میری سپنا پوری رات جگا

آگ چتا کی بجھتے بجھتے سارے رشتے راکھ ہوئے
سب نے تنہا چھوڑ دیا اب کون پرایا کون سگا

سانس سانس کستوری بن کر روم روم مہکے گی
خود کو کھو کر پا لے اس کو من کے جوگی دھیان لگا

اُس نے خط ہی لکھا نہ ہو شاید
پاس اس کے پتہ نہ ہو شاید

اس کو تنہائی تو پسند نہ تھی
کوئی مجھ سا ملا نہ ہو شاید

کیوں یہ تتلی اداس رہتی ہے
پھول کوئی کھِلا نہ ہو شاید

اس کی خاموشی نے کچھ ضرور کہا
ہم نے ہی کچھ سنا نہ ہو شاید

رات بھر نیند جاگی میرے ساتھ
خواب کوئی بچا نہ ہو شاید

تو نے دی ہے سزا تو کاٹوں گی
ویسے میری خطا نہ ہو شاید

گھر ہوا راکھ — دل یہ سوچے ہے
ہاتھ اس کا جلا نہ ہو شاید

بن بلائے وہ آیا ہے مجھ تک
اب وہ مجھ سے جدا نہ ہو شاید

اے جنوں چل اسے منا لائیں
دور ابھی وہ گیا نہ ہو شاید

پیار تو ہم تمہیں سے کرتے ہیں
ہاں زباں سے کہا نہ ہو شاید

دل کا جوگی ہے تیرا دیوانہ
تیرے در سے اٹھا نہ ہو شاید

اس نے مجھ کو مجھ ہی سے چھین لیا
اس سے بڑھ کر سزا نہ ہو شاید

خالی ہاتھ ہی جانا ہے کیا کھونا کیا پانا ہے
چاہے جتنے ناتے جوڑیں اک دن ٹوٹ ہی جانا ہے

جانے کتنے کرداروں سے مل کر بنی کہانی ہے
پتہ پتہ پڑھتا چل دنیا اک افسانہ ہے

اس کی آنکھ میں تھوڑے آنسو میری یاد کے رہتے ہیں
ہو سکتا ہے بھول گیا ہو۔ دل بھی تو بہلانا ہے

جانے کیا کیا بھول گئے ہم تو ہی تو۔ بس یاد رہا
تجھے بھلانے کی کوشش ہے جوگ تو اک بہانہ ہے

یادوں کو پلٹا تو جانا ۔۔۔ بیچ کے پنے غائب ہیں
تیرے پاس تو ہوں گے ہی کیا پڑھنا پڑھوانا ہے

مجھ سے بچھڑ کر مجھ کو ڈھونڈھا عمر گنوائی رستے میں
جلدی واپس آجا جوگی دیپک تو بجھ جانا ہے

پاپ شاپ سے جوڑ گانٹھ کے محل دو محلے بنوالے
چتا کی لکڑی بکی شتیا باقی سب ڈھہ جانا ہے

چاہے جتنے چولے بدلے کنتو تتو[1] ایک ہی ہے
تیری منزل اس کی نگری دیہہ[2] مسافر خانہ ہے

پیڑ کی سوکھی پاتی ہے یہ کیوں ماٹی کو روتے ہو
پنجر اک ب کا چھوڑ دیا پھر کیا جلنا جلوانا ہے

ذرہ ذرہ سورج ہے اور سانس سانس کستوری ہے
اب اس کی نگری جاکر جنموں کو سلجھانا ہے

جنگل کے جلتے ہی اس کی راکھ سے انکر[3] پھوٹیں گے
کاہے موت سے ڈرتا ہے تو کٹتے ہی اگ آنا ہے

[1] لیکن جوہر [2] جسم [3] کونپل ۔

مڑ کے مت دیکھنا سنسار سے جانے والے
بھول جاتے ہیں بہت جلد زمانے والے

تو کہاں بھول سکا مجھ کو بھلانے والے
روز لکھ لکھ کے مرا نام مٹانے والے

اپنے دیوانے کو تو روک لے جانے سے کہ ہم
تیری محفل میں نہیں لوٹ کے آنے والے

پچھلے جنموں کا تیرے ساتھ کوئی رشتہ ہے
میری آواز کو آئینہ بنانے والے

کر لے تو لاکھ جتن لوگ تو پڑھ ہی لیں گے
اپنی آنکھوں میں مرا نام چھپانے والے

مجھ کو ڈھونڈے گا مرے بعد بڑی شدت سے
تو بھی روئے گا بہت مجھ کو مٹانے والے

تو جو مل جائے تو ممکن ہے میں خود کو پالوں
میرے اندر ہی کہیں مجھ کو چھپانے والے

وہی کہانی وہی فسانہ سنا ہوا سا سنا رہا ہے
یہ زندگی کا سفر تو ایسا لگے ہے بیکار سا جا رہا ہے

وہ ایک چہرہ کہیں جو چھوٹا دکھا ہے دل کے قریب آکر
لگے ہے ایسا ان دھڑکنوں کو وہ آج مجھ کو بلا رہا ہے

میں اس کے لب پہ جو میری غزلیں کیا کوئی رشتہ بھی ہے دلوں کا
سنائے مجھ کو وہ شعر میرے مجھی سے نظریں چرا رہا ہے

نہ کوئی آیا نہ کوئی ٹھہرا نظر کی محفل تھی سونی سونی
اجاڑ چوکھٹ پہ مسرتوں کی یہ کون دیپک جلا رہا ہے

نہ نام تیرا کبھی لیا تھا نہ نام تیرا کبھی بھی لیں گے
لبوں کے تٹ پر لکھا تھا جو کچھ اسے بھی جلد مٹا رہا ہے

میں خوب اچھی طرح سے ان کی اک اک ادا کو پڑھے ہوئے ہوں
وہ مجھ سے کیا کیا چھپا رہا ہے سب اس کا چہرہ بتا رہا ہے

مجھے دلا دے وہ ٹوٹے پتے وہ خشبوئیں وہ ہوا کے جھونکے
دعا میں شاخیں اٹھا کے سوکھا شجر لبوں کو ہلا رہا ہے

کسی کو میری تلاش ہے کیا، صدا برابر یہ کس کی گونجے
چھپا ہے کوئی مرے ہی اندر مجھی کو مجھ میں بلا رہا ہے

عشق میرا جنون جیسا ہے
یہ تڑپنا سکون جیسا ہے

پیڑا[۱] ریشم مجھے بنانے لگی
میرا جیون ککوں[۲] جیسا ہے

ان سے ترکِ تعلقات کے بعد
اک تعلق سکون جیسا ہے

اس صدی کا گزرتا ہر لمحہ
بے گناہوں کے خون جیسا ہے

ان کو پانے کا حوصلہ ہے مجھے
حوصلہ بھی جنون جیسا ہے

میں نے تیرا مزاج دیکھا ہے
ایک دم مان سون جیسا ہے

۱ درد۔ ۲ ریشم کا کیڑا۔

ایک چبھتی پھانس بن کے زندگی
آنکھ میں تیری رہیں گے زندگی

انگلیاں کٹ جائیں چاہے ہاتھ بھی
نام تیرا ہی لکھیں گے زندگی

خواب کے سونے کنوارے پاؤں میں
بن کے گھنگھرو ہم بجیں گے زندگی

آسماں میں اندر دھنش کے چھور سا
ساتھ تیرے ہم چلے تھے زندگی

ایک بچے سا منا لیتی اگر
ہم بھی کچھ پل مسکراتے زندگی

عمر بھر ہم اک کنارے کی طرح
ساتھ ہی بہتے رہیں گے زندگی

خواب کی تتلی چھوئی تھی ایک بار
رنگ پوروں سے نہ چھوٹے زندگی

جو بھی کہنا تھا میری غزلوں میں ہے
اور کیا ہم تجھ سے کہتے زندگی

جب کہا تھا اس نے، مجھ سے پیار ہے
آج تک وہ دن نہ بھولے زندگی

کتنی شدت سے ستم تیرے سہے
تو بھی میرا درد سہہ لے زندگی

پچھلے جنموں میں کئی چہرے جیئے
آج تک تجھ کو نہ سمجھے زندگی

رحل پر رکھی کتابوں میں ملے
کاش ٹوٹا پنکھ بن کے زندگی

رات ہماری آنکھوں سے پھر بہی کہانی امّاں کی
کھڑکی سے سٹ کر مہکی جب رات کی رانی امّاں کی

کڑھی بھات کھٹی چٹنی اور دال پراٹھے گوبھی کے
دہی دودھ ادرک لہسن سی گندھ سہانی اماں کی

بیسن کی سوندھی روٹی سا یہ بھی مجھ کو یاد ابھی
پیٹھ پھیر کر پانی پی کر بھوک چھپانی اماں کی

گھر کے سکھ میں اس نے خود کو پورا پورا بانٹ دیا
دو جوڑے سوتی دھوتی میں گئی جوانی اماں کی

آج اچانک اس کو دیکھا اماں جیسی لگتی تھی
چابی کے ٹوٹے چھلّے پر دیہی نشانی اماں کی

بابا کی وہ گری حویلی ذادی کا تلسی چورا
پچھواڑے کی نیم بھی جانے عمر کہانی اماں کی

جب گیا کی پونچھ تھی کھینچی، گوریا کا انڈا پھوڑا
میرے پاس نہیں سونا، یہ سزا سنائی اماں کی

جب بچے کے ہوتے ہیں، میں تڑپ تڑپ کے روئی تھی
تب دیکھی تھی اپنے جیسی پیر اٹھاتی اماں کی

چھوڑ چھاڑ کر چلے گئے سب کس کو اس کا دھیان رہا
بس بابو کو یاد رہی وہ چتا جلائی اماں کی

میں نے اماں کی چھتری کو دھیرے دھیرے اوڑھ لیا
کیسے میں بٹیا سے کہہ دوں، بات پرانی اماں کی

ذکر ہے کس کا میرے شعر بتا ہی دیں گے
ہونٹ یہ کچھ نہ کہیں، نین گواہی دیں گے

دل یہ مجرم نہ تھا پر آپ سزا دینے بیٹھے
آپ خود آ کے کسی روز گواہی دیں گے

ہم نے آنکھوں میں تیرے خواب چھپا رکھے ہیں
ہم تیری بزم میں یہ نظم سنا ہی دیں گے

دل کی چوکھٹ پہ کبھی بھول کے دنیا داری
نام لکھ لکھ کے تیرا، دیپ جلا ہی دیں گے

چھین لے آنکھ زباں کاٹ دے لیکن پھر بھی
ہم فقیر دل کے اٹھے ہاتھ دعا ہی دیں گے

جب تجھے آس پاس دیکھا ہے
دل کو اکثر اداس دیکھا ہے

ہم نے ساگر کے بھیگے ہونٹوں پر
چاند کو تکتے پیاس دیکھا ہے

کس سے پوچھیں اجاڑ نگری میں
کس نے اس کا نواس دیکھا ہے

کل جسے تھا نشہ امیری کا
آج اُسے بدحواس دیکھا ہے

تم کو آجائے گا خدا پہ یقین
روح کو بے لباس دیکھا ہے

میری یادوں نے چھو لیا ہوگا
ہنستے ہنستے وہ رو دیا ہوگا

نام لکھ کر تمہارا سوچتی ہوں
کس غزل کا یہ قافیہ ہوگا

جانتی ہوں تیرے فسانے میں
میرا کردار شرطیہ ہوگا

دیکھو پنّے پلٹ کے یادوں کے
میرا عنوان حاشیہ ہوگا

اوس بکھری تو شب کے کاندھے پر
چاند سر رکھ کے رو دیا ہوگا

آگ میں جس نے پھینک دیں نہریں
وہ نہیں شاہ، اولیا ہوگا

تیری خوشبو سے روح بہکے تو
رنگ غزلوں کا جوگیا ہوگا

یہ میرا شوق نہیں دوست امیروں کی طرح
شاعری کی ہے میں نے تو فقیروں کی طرح

کشتیاں خواب کی بس چھو کے گزر جاتی ہیں
اب میری آنکھیں ہیں سنسان جزیروں کی طرح

چوٹ لگتے ہی دشمن کو دعا ہی دی ہے
درد درگاہ تھا، تو دل بھی تھا پیروں کی طرح

زندگی نے تو کبھی موت نے دی مات ہمیں
ایک شطرنج پہ تھیں دونوں وزیروں کی طرح

ہم نے مانگا ہی نہیں اپنی محبت کا صلہ
ویسے کچھ تھا تو ہتھیلی میں لکیروں کی طرح

بس جائے جو آنکھوں میں وہ منظر نہیں دیکھا
ہم نے تو کبھی خواب کو چھو کر نہیں دیکھا

پتوں پہ گرے اوس کی مانند رہا غم
اشکوں نے کبھی آنکھ سے بہہ کر نہیں دیکھا

خوشبو کی طرح میں تیری سانسوں میں سماتی
ہاتھوں میں میرے ہاتھ کو لے کر نہیں دیکھا

جیون لکھا تھا ریت پہ لہریں مٹا گئیں
بخشا ہو جسے موت نے وہ گھر نہیں دیکھا

میں سامنے رکھتی نہ کبھی آئینہ دل کا
اے دوست تیرے ہاتھ کا پتھر نہیں دیکھا

میری سانسوں سے یوں آئے بھینی بھینی آگ کی خوشبو
جوگی کی دھونی سے جیسے اڑتی ہے بیراگ کی خوشبو

ماں کا ہاتھ پکڑ کر جب سے ہو کر میلے جاتے تھے
بھولکے اس باغ سے آئے ماں کے سریلے راگ کی خوشبو

ماں کی گجھیا میٹھے پارسلے پوڑی اور کچوڑی سوندھی
پھیکی ہولی یاد دلائے ٹیسو والے پھاگ کی خوشبو

جس میں تو نے ہاتھ تنے دھوئے کچے دودھ سا لپکا ہے
تیری خوشبو سے ملتی ہے جھرنے کے اس جھاگ کی خوشبو

سب کے چولہے الگ الگ ہیں جب سے اماں گزری ہیں
اجڑے چوکے سے آتی ہے اماں والے ساگ کی خوشبو

خمار بارہ بنکوی

کا شعری مجموعہ

آتشِ تر

(بین الاقوامی ایڈیشن)

منظر عام پر آچکا ہے